Lb. 97.

PRECIS

De la conduite tenue par le 14ᵉ Régiment d'Infanterie légère, occupant au 1ᵉʳ mars dernier le Liamone et la place de Corté, dans la 23ᵉ Division militaire.

Nota. Le 14e régiment d'infanterie légère, après avoir cruellement souffert pendant deux campagnes en Calabre, passa dans les Iles Ioniennes, où il resta sept années consécutives. Il n'y connut du gouvernement impérial que des pénibles privations et un oubli presqu'absolu dans les grâces et promotions. Ce corps compte un très–grand nombre d'officiers ayant vingt et vingt–cinq ans de service, et criblés de coups de fusil, restés sans décoration, parce qu'une fête en honneur du général Moreau, qu'il célebra à Gênes en l'an X, à l'anniversaire de la bataille de Hohenlinden, mécontenta extrêmement Buonaparte, qui, en bon Corse, savoit garder rancune. Ce régiment, si négligé sous l'empereur, n'a pu obtenir aucune décoration depuis le retour du Roi, en 1814. Il eût pourtant sauvé la France, et anéanti les projets homicides de Napoléon, si, au lieu d'être confiné dans les montagnes arides de la Corse, il se fût trouvé dans celles du Var ou du Dauphiné.

PRECIS

De la conduite tenue par le 14ᵉ Régiment d'infanterie légère, occupant, au 1ᵉʳ mars dernier, le Liamone et la place de Corté, dans la 23ᵉ Division militaire.

Du 26 au 28 février 1815, débarqua clandestinement sur divers points de la Corse, un essaim d'intrigans et de mauvais sujets, dont Buonaparte s'étoit entouré à Porto-Ferraio, et qu'il avait nommé membres et agens spéciaux de ses comités d'insurrection et d'exécution, créés en Corse par divers décrets rendus avant son embarquement pour la France.

Cette île fut aussitôt inondée de proclamations et décrits séditieux; le peuple des montagnes courut aux armes, se leva en masse, et, guidé par les agens particuliers de Napoléon, il somma les troupes de reconnoître le soi-disant empereur, d'arborer ses couleurs, et de se conformer à ses décrets, dont on donna des notifications officielles.

A Bastia, était arrivé un général, qui se mit à la tête de l'insurrection; il sut en imposer au régiment qui y était stationné, et, pour le déterminer à se déclarer sans retour, on l'accuse d'avoir fait marcher contre lui, sous main, un gros détachement de montagnards corses insurgés. Ce régiment accéda à leur volonté, prit leurs couleurs, et reconnut Napoléon pour empereur de France. Le général, après

l'interdiction de M. le chevalier de Bruslart, gouverneur de la division, s'empara de son commandement, se fit reconnaître comme son
successeur par la troupe et les autorités de Bastia, et donna ordre
d'arrêter le noble chevalier, gouverneur pour le Roi. Il eût été livré
aux satellites corses que Buonaparte avoit chargés de le transporter à
l'île d'Elbe, où il périssait victime de son amour pour le Roi, sans la
loyauté du colonel Figié, du 35e de ligne, qui n'exécuta point l'ordre
du général usurpateur. M. de Bruslart parvint à s'embarquer, et à
atteindre Toulon, d'où il gagna l'Espagne.

Bastia soumise, on fit marcher tous les insurgés du Golo sur le fort
de Corté, où un faible bataillon du 14e régiment léger s'était enfermé.
Ce fort, placé au centre de la Corse, sans armement ni approvision-
nement, se défendit long-temps. La garnison fit de nombreuses sor-
ties, repoussa sans cesse les assaillans, leur fit éprouver une perte
sensible; mais, étant sans communication avec les autres places et la
mer, sachant Bastia prononcée pour Napoléon, ses vivres réduits au
seul pain, se trouvant, à cause de sa position géographique, sans aucun
espoir de secours, ce bataillon fut contraint de se conformer aux
ordres réitérés du général, dont la nouvelle autorité, comme gouverneur, n'était point reconnue par le régiment. Ce bataillon s'est for-
mellement refusé à prêter le serment de fidélité au ci-devant empereur,
malgré les instances du successeur du brave et malheureux M. de
Bruslart.

Le colonel du 14e régiment se défendait à Ajaccio, avec 500
hommes de son corps, depuis le commencement de mars, contre les
habitans insurgés du Liamone. A la suite de divers combats sanglans,
il étoit demeuré maître des moulins et des campagnes autour de la ville.
La soumission du fort de Corté permit la jonction des partis corses

révoltés du Golo, avec la masse des habitans armés du Liamone. Le colonel, trop faible en nombre pour tenir la campagne, se retrancha dans ses casernes hors de la ville, les entoura d'ouvrages défensifs liés entr'eux, et laissa ses malades et infirmes pour garnison dans le fort, où se trouvoit M. le maréchal de camp Bruny, et M. le baron de Montureux, préfet de la Corse; tous deux sans cesse occupés des moyens pour conserver au Roi les places du Liamone, défendues par le 14ᵉ régiment léger, et un foible détachement d'artillerie.

Les habitans d'Ajaccio manifestaient depuis long-temps l'intention la plus prononcée de faire cause commune avec les rebelles du dehors, et d'appuyer leur entreprise sur les troupes du Roi, par un soulèvement dans la ville. En suite des preuves acquises qu'ils envoyaient journellement aux insurgés des vivres et des munitions de guerre, et faisaient en secret des dispositions non équivoques pour les seconder efficacement contre la garnison, on prit des mesures de haute sévérité, que les circonstances prescrivaient impérieusement. La ville fut mise en état de siége, les habitans les plus suspects renvoyés, des maisons abattues, d'autres crénelées et occupées, les enclos des jardins rasés à l'extérieur, des chemins détruits ou barricadés, divers postes du dehors occupés avec du canon, et tout le front du fort, du côté de la ville, armé avec soin et intelligence par l'infatigable et bien dévoué M. Laporte, chef de bataillon d'artillerie. Ces mesures forcèrent les habitans d'Ajaccio à une grande circonspection; mais elles eurent aussi pour résultat, que les révoltés du dehors affamèrent la ville, en occupant ou en détruisant les seuls moulins existans.

Dans les derniers jours du commandement de M. le chevalier de Bruslart, il avait envoyé au 14ᵉ régiment léger le drapeau que le Roi

donnait à ce corps. La remise solennelle en fut retardée par la dis-
persion momentanée du régiment pour service local. Le soulèvement
général des Corses avait fait rentrer partie des détachemens ; et lors-
qu'on apprit officiellement l'entrée de Buonaparte à Grenoble, sa
marche triomphante sur Lyon et la défection successive de l'armée ,
le colonel demanda avec instance à faire recevoir le drapeau du
Roi. La solennité eut lieu (sous les auspices de M. le maréchal de
camp Bruny) au moment où ce corps rentrait d'une expédition
contre les révoltés , dans laquelle officiers et soldats avaient combattu
en dignes serviteurs du Roi et de leurs Princes ; causé un dommage
notable aux Corses, et donné les preuves les plus positives de leur entier
dévouement aux Bourbons. Toute la Corse déplorait alors , comme
le comble de l'imprudence et comme une folie sans exemple , une
cérémonie qui , dans le motif de provocation du chef, avait pour but
de sanctifier en quelque sorte la fidélité et la loyauté des militaires
du corps, et de porter la terreur parmi les insurgés corses, en leur
faisant présumer la résistance qu'ils auraient à éprouver par la suite.
Les habitans d'Ajaccio, qui depuis long-temps employaient tous les
moyens imaginables pour séduire les soldats , et les gagner à la cause
de Napoléon , furent si stupéfaits de voir ces mêmes soldats saluer la
bannière des lis par des acclamations bruyantes et réitérées , qu'ils
cessèrent dès ce moment, comme inutile, toute menée tendante à
les corrompre.

Les insurgés armés des deux subdivisions de la Corse ayant opéré
leur jonction , et ces masses étant réunies et organisées par tous les
chefs et officiers corses pensionnés ou en demi-solde , ils prirent position sur les hautes montagnes de la Sarra, qui dominent à petite portée
de canon la ville d'Ajaccio, et surtout les casernes et postes occupés
par le colonel avec les 5oo hommes de son régiment et 6o gendarmes
français.

De ces montagnes, dont l'extrême escarpement paraissait les garantir de toute attaque et surprise, la masse des insurgés menaçait la ville, d'un assaut général prochain. Ils y préludèrent par des fusillades et des attaques partielles, ayant pour but d'aguerrir leurs paysans contre le canon, et de bien étudier le système de défense. La citadelle leur jetoit des boulets creux, sans pouvoir les déloger. Le danger devint imminent : il fallait ou se retirer dans le fort qui était sans vivres, ou bien soutenir un assaut général avec 500 hommes de ligne et 60 gendarmes, contre les forces mobiles de toute la Corse, concentrées dans des positions inexpugnables, d'où ils dominaient cette même ville, dont la populace, qui leur était dévouée, allait faire cause commune avec les assaillans.

Les propriétaires et les habitans sensés de cette cité comprirent enfin qu'il s'agissait tout aussi bien de leur existence que de celle de la troupe du Roi ; que le pillage et la dévastation étaient les moindres maux dont ils étaient menacés, et que les soldats, en défendant l'autorité du Monarque, combattaient aussi pour la conservation de leurs plus chers intérêts. Ils convinrent de cette vérité démontrée aux moins clairvoyans ; mais l'excessive exaltation de la grande masse de ces habitans pour leur héros homicide, qu'on disait à cette époque maître de la France, et appuyé de l'Autriche, ne permit point de croire à la demi-promesse qu'ils firent de vouloir défendre le faubourg et l'intérieur de leur ville contre les corps assiégeans.

Pour sortir d'une situation si cruelle, il fallait tenter une entreprise, réputée impraticable et d'une haute résolution. Les officiers et soldats demandaient à combattre, et étaient animés d'une ardeur extraordinaire contre les montagnards corses. Il convenait d'en profiter, ou pour périr les armes à la main , ou bien pour déloger les assiégeans de leurs positions, jugées inattaquables par tous les militaires du pays.

M. le maréchal de camp Bruny , commandant la subdivision, avait chargé le colonel du quatorzième régiment de toute la défense de la ville et des environs , et le laissa maître d'agir selon les circonstances. Dans la matinée du 11 avril , les insurgés furent surpris dans les escarpemens de leurs inabordables montagnes , culbutés après une forte résistance, mis dans une déroute complète , et précipités, par les voltigeurs du quatorzième régiment léger, dans des ravins et des gorges où il devint impossible de suivre des gens plus agiles que les chamois des Alpes. Une colonne destinée à les tourner fut retardée de vingt minutes dans sa marche : elle auroit passé au fil de l'épée une partie des fuyards, et ce léger contre-temps a sauvé la vie à plusieurs milliers de compatriotes du nouvel empereur. Pendant cette matinée , si cruelle et si honteuse pour l'arrogance corse , les montagnes retentirent au loin des cris mille et mille fois répétés de *Vive le Roi! Vivent les Bourbons!* Les soldats trouvèrent les sommets des montagnes couverts de vêtemens, de meubles , de provisions de bouche et de guerre abandonnés par les fuyards. Une centaine de rebelles furent tués ou blessés.

Cette sévère leçon eut pour résultat de faire enfin comprendre aux meneurs corses, qu'un peuple en furie, guidé, par des avocats, des médecins , des abbés décorés des fastueux titres de commissaires extraordinaires de Napoléon, ou membres de la junte suprême, ou bien dirigeant les comités d'insurrection et d'exécution , ne peut combattre qu'avec un extrême désavantage contre une phalange de vieux guerriers restés fidèles à leurs sermens et à leur Roi. Ils se retirèrent au loin, et se bornèrent à intercepter les communications et les vivres. Des papiers trouvés sur les morts prouvèrent que Madame Létitia Buonaparte, alors à l'île d'Elbe, faisait les frais de cette guerre, et fournissait les fonds pour l'insurrection corse. Elle en faisait passer régulièrement pour solder et nourrir l'armée insurgée en campagne, Elle alimentait donc la guerre civile dans son pays natal, puisque le parti du Roi, alors extrêmement comprimé, ne comptait pas moins un grand nombre d'individus dans cette île, surtout dans le Golo, dont les habitans n'avoient imité que partiellement l'exaspération et la furie révolutionnaire de ceux du Liamone.

Des reconnaissances furent poussées à diverses reprises au loin, pour reconnaître la situation et le nombre des insurgés : des fusillades, souvent très-animées, en furent chaque fois la suite, sans qu'on osât suivre les troupes dans leur retour.

On apprit en Corse, dans les premiers jours d'avril, l'entrée de Buonaparte à Paris et le départ du Roi et des Princes pour la frontière du Nord. Rien ne put ébranler la constance du quatorzième régiment léger ; ses chefs, ses officiers, ses soldats étaient résolus de se défendre tant qu'un point de la Provence reconnaîtrait l'autorité du Roi, et conserverait son pavillon. Ils étaient bien décidés à donner un grand exemple de fidélité et de persévérance dans leurs devoirs militaires; mais les vivres commencèrent à manquer. On avait envoyé des officiers à Toulon et à Marseille pour en réclamer ; ils revinrent après cinquante-six jours d'absence, sans aucun des secours si vivement sollicités, et confirmèrent la nouvelle de la soumission à Buonaparte de toute la huitième division militaire, comme la dernière en France qui a dû reconnaître sa nouvelle autorité usurpée.

L'esprit de frénésie extravagante et audacieuse du peuple buonapartiste d'Ajaccio parvint, à cette époque, à un tel degré d'exaltation, qu'on devait sous très-peu de jours s'attendre à une explosion générale, dont la suite eût été un grand massacre. Toutes les provinces de la France avaient, de gré ou de force, cédé à une usurpation appuyée par l'armée entière ; la côte maritime de France, dans la Méditerranée, était devenue une côte ennemie ; les ressources en vivres s'épuisaient prochainement : dans une situation qui n'admettait la possibilité de secours d'aucune part, il fallut céder à l'orage après l'avoir conjuré en gens d'honneur et en soldats déterminés, le plus long-temps qu'il a été possible. Néanmoins, le général voulut prendre l'avis du conseil de défense, dont plusieurs individus, depuis bien long-temps, intriguaient pour Napoléon, et ne virent qu'avec une sensible peine, l'esprit d'opiniâtreté et d'amour pour le Roi qui animait le quatorzième régiment léger ; c'est enfin les 22 et 26 avril que ce régiment valeureux et fidèle cessa de défendre les couleurs du Roi, après cinquante-deux et cinquante-six jours de combats continuels.

La place de Bonifacio, gardée par un détachement de deux cents hommes du quatorzième régiment léger, se défendit jusqu'au 26 du même mois. Trop faible pour embrasser tout le front de défense au dehors, il se retrancha sur les remparts, et se battit contre les assaillans du dehors, et ceux du dedans. Malgré le commandant de cette place, qui était intimidé par les habitans, le brave capitaine qui commandait les chasseurs du 14ᵉ régiment léger, fit tirer dans leurs croisées avec du canon de 24, pour leur prouver que quand les citoyens d'une place de guerre se mutinent contre une garnison du Roi légitime, ils doivent s'attendre à des châtimens sévères. Ce brave capitaine s'appelle *Méant.*

Ce même officier, après s'être antérieurement battu dans les mon-

(9)

tagnes des environs de Sartène, se retira dans un édifice public de cette ville avec sa compagnie, forte de soixante combattans. Il l'occupait depuis plusieurs jours sans vivres, sans eau et presque sans munitions de guerre, assiégé par un peuple furieux et en démence, descendu des montagnes voisines. Sa perte paraissait certaine; sa conduite audacieuse et bien soutenue imposa assez aux nombreux rebelles qui l'assiégeaient, pour lui faire offrir la faculté de se rendre à Bonifacio avec sa troupe. Il accepta cette offre comme un retour inespéré à la vie, après avoir fait ses dispositions pour périr honorablement, à la tête de ses braves chasseurs, au milieu des révoltés. On doit ici remarquer que, dans cette guerre des troupes du Roi contre un peuple d'enragés napoléonistes, les soldats ne voulurent point faire de prisonniers, et passèrent au fil de l'épée tous les Corses pris les armes à la main ou trouvés sur les champs de bataille.

Ce régiment, ramené en France, resta calme, et ne montra aucune disposition à laisser espérer aux énergumènes du temps une franche coopération de sa part. A Marseille, des soldats de ce régiment crièrent encore, vers le 15 mai, *Vive le Roi* (1)! dans les cabarets, et les habitans de cette ville les qualifièrent hautement de *royalistes*, et comme étant de leurs amis dévoués et sûrs. Depuis, le colonel de ce régiment et son brave major ont été renvoyés et remplacés par d'autres chefs. M. le maréchal Brune, commandant le corps d'armée sur le Var, crut devoir signaler au ministre de la guerre le colonel renvoyé, comme un ennemi déclaré de Napoléon.

La position de ce régiment, à son retour de la Corse, était celle de tous les amis du Roi et des Princes. Il était comprimé et contenu. Ne

(1) Le journal *le Lys* l'a fait connaître dans le temps.

2

pouvant rien pour la cause royale, à laquelle il s'était si noblement dévoué en Corse, il dut être réservé et prudent. La plupart des officiers avaient besoin de servir pour vivre ; ils eussent rejoint partout ailleurs avec le plus vif empressement l'armée du Roi ; en Provence, ils durent faire des vœux pour le bon succès de la plus juste des causes, et attendre du temps et de la fortune un meilleur avenir.

Le colonel ayant été informé, à son arrivée à Toulon, que, d'après la volonté expresse de Buonaparte, son ministre de la guerre avait ordonné que les colonels des quatorzième régiment léger et neuvième de ligne fussent arrêtés en Provence, et conduits par la gendarmerie à Grenoble, il se rendit en poste à Paris. M le maréchal Davoust, dans une audience publique, en lui témoignant sa surprise sur son arrivée dans la capitale, lui confirma positivement que l'ordre de son arrestation avait été expédié à Marseille, ensuite des ordres de l'empereur. Le colonel fut mis aux arrêts de rigueur, et subit à l'état-major, en présence de M. le maréchal-de-camp Doucet, chef de l'état-major de la place de Paris, un interrogatoire sur les soi-disant crimes de lèse-majesté qu'il était accusé d'avoir commis en Corse, en empêchant son régiment d'exécuter les ordres de l'empereur, et d'avoir fait tuer un grand nombre de Corses armés pour défendre les droits de la dynastie impériale. Ses arrêts forcés furent levés après la bataille de Mont-Saint-Jean ; il n'a point quitté Paris depuis.

Le colonel croit de son devoir de signaler en l'absence de M. le maréchal de camp Bruny, très-éloigné de Paris, ainsi que M. le baron de Montureux, ex-préfet, les chefs et officiers qui, par leur courage, leur conduite, et surtout par leur dévouement au Roi, ont le plus contribué à défendre en Corse les intérêts de Sa Majesté, et qui, par une suite de combats contre une grande partie de la population armée de cette île, ont, pendant cinquante-six jours, soutenu le pavillon du Roi sur tous les points que l'honneur et le devoir les avoient chargés de défendre. Cette défense est d'autant plus remarquable, que les habitans du Liamone surtout ont mis dans leurs agressions un esprit de fureur si marquant, qu'il ne peut s'expliquer que par le caractère généralement orgueilleux, turbulent et vindicatif de ce peuple insulaire. L'intérêt que les Corses insurgés pouvaient prendre au bon succès des projets de leur cruel et homicide compatriote, était naturel à des gens fiers et arrogans qui se vantoient sans cesse d'avoir vu naître le maître du monde : aussi leur rage ne connut point de bornes, quand une poignée de braves et dévoués serviteurs du Roi s'obstina à faire flotter le pavillon des lis, triomphant des couleurs de la révolution, sur l'orgueilleuse cité qui a donné le jour au fléau des peuples et au bourreau insensé des intrépides soldats français. Ajaccio, criaient ses habitans dans leur délire, sera donc la dernière des cités et de la Corse et de la France, où flottera le drapeau des Bourbons ! Ils disaient vrai.

Paris, le 16 juillet 1815.

LE COLONEL STIELER.

PIÈCES JUSTIFICATIVES

A l'appui de la conduite tenue par le 14ᵉ régiment d'Infanterie légère, qui ont pu étre soustraites à la police militaire de Buonaparte : un nombre beaucoup plus grand a dú étre jeté au feu.

Les originaux de ces Pièces justificatives ont été envoyés à S. Exc. Monsieur le Maréchal Gouvion - Saint - Cyr, Ministre de la Guerre.

Nº I.

Le Colonel du 14ᵉ Régiment d'Infanterie légère , à Monsieur le Maréchal de Camp Baron DE BRUNY, commandant la 2ᵉ Subdivision de la Corse.

MON GÉNÉRAL ;

Conformément à vos ordres en date d'hier, je me suis porté ce matin avec 300 hommes vers les batteries d'Aspreto, pour protéger les travailleurs et artilleurs chargés d'enlever les sept pièces de canon qui s'y trouvent.

Pour assurer d'une manière complète ce travail contre les insurgés, qui ont occupé depuis quelques jours en force le camp de Stiletto et les monts environnant les batteries, j'ai cru devoir commencer par reconnaitre la force et les positions des insurgés. A cet effet, après avoir fait éclairer les hauteurs supérieures par la droite, je me suis porté directement sur le camp de Stiletto, que j'ai trouvé abandonné.

M'étant avancé jusque vers les moulins de Mezzavia , en suivant les hauteurs, nous avons reconnu un parti des insurgés au nombre de 300 au moins, et 400 au plus, postés sur la gauche de la route de Bastia , tous armés de fusils et faisant flotter deux drapeaux tricolores au son des cors et des cris de *vive Napoléon !*

Ne pouvant atteindre ces misérables en marchant à eux, j'ai voulu les déterminer à marcher à moi en simulant un mouvement rétrograde inspiré par la peur. Mais ce qui paraît surtout les avoir décidés à venir à nous, c'est un drapeau blanc que je fis planter et ensuite abandonner dans leur camp de Stiletto. Ils vinrent aussitôt dans diverses directions vers ce point en insultant notre timidité, jusqu'à vouloir nous couper d'Ajaccio , en débordant considérablement ma gauche.

Voyant qu'eux-mêmes avaient commencé la fusillade avec mes éclaireurs, qui n'avaient ordre que de riposter, je fis déboucher ma colonne par la droite de la vallée, où je m'étais retiré et dont je gardais les hauteurs par des postes. Il s'engagea aussitôt un feu de mousqueterie très-vif; mes voltigeurs n'ayant pu être suffisamment contenus pour donner le temps d'achever le mouvement ordonné, se précipitèrent sur les insurgés, et en tuèrent du premier abord une dizaine à coups de baïonnette. Ces derniers n'ayant pu soutenir un combat de corps à corps, prirent aussitôt la fuite, en se précipitant avec une telle vivacité dans toutes les directions vers la route de Bastia, du côté de la mer, qu'il a été impossible de les atteindre de nouveau.

Si leur imprudente conduite avait pu être prévue, ils auraient tous péri, sans exception, en faisant garder l'entrée de la route de Bastia dans la vallée par un détachement.

La perte des révoltés consiste en dix hommes tués, dont j'ai fait reconnaître les cadavres par des officiers ; un, pris les armes à la main, et ayant sa giberne remplie de cartouches à balles, et au moins une quinzaine de blessés, dont plusieurs avaient bien de la peine à fuir, et dont les traces de sang annoncent des blessures graves.

Un brave voltigeur a été tué à bout portant ; son assassin est un de ceux massacrés à coups de baïonnette ; deux autres voltigeurs ont été blessés légèrement.

La hardiesse du mouvement de ces révoltés s'explique encore par le grand nombre de militaires corses congédiés qui se trouvent parmi eux, et dont on a très-parfaitement distingué les uniformes et même les décorations.

Après avoir asssuré par un détachement de 150 hommes, commandés par un chef de bataillon, l'enlèvement de l'artillerie, je suis rentré à Ajaccio avec le restant de ma troupe.

Recevez, mon Général, l'assurance de mon profond respect.

LE COLONEL, *signé* STIELER.

Ajaccio, le 22 mats 1815.

N°. II.

Le Colonel du 14.ᵉ Régiment d'Infanterie légère, à Monsieur le Maréchal-de-Camp Baron DE BRUNY, commandant la 2ᵉ Subdivision de la Corse.

MON GÉNÉRAL,

Les divers engagemens que j'ai eus précédemment avec les insurgés corses, qui leur ont coûté beaucoup de monde, les avaient rendus extrêmement circonspects.

La réunion de la plupart des autres bandes insurgées à celle qui bloquait Ajaccio, en augmentant considérablement leur nombre numérique, leur rendait aussi leur première audace.

Dans la matinée du 10 avril, ils ont occupé, à portée de canon de la citadelle, les montagnes de la Sarra, situées en face de la ligne de défense que ma troupe occupe en avant de la ville. De là, ils insultèrent mes postes, mes quartiers, et tous nos points de défense extérieure.

Sur mes observations, vous avez jugé qu'il fallait les déloger des monts, en leur donnant une nouvelle leçon salutaire.

A cet effet, deux cents voltigeurs, conduits par le brave capitaine Viguié se portèrent, pendant une nuit très-obscure, par la vallée de Rizzoni, sur le mont *del Cazetto*, en le gravissant sur sa face la plus escarpée, et à peine praticable pour des chèvres. A la pointe du jour, cette colonne se trouvait au milieu des feux ennemis sans avoir été aperçue.

Avec une autre colonne de deux cents carabiniers et chasseurs, et deux pièces de trois portées à bras, je m'étais posté de nuit sur le plateau de la tour des Génois pour profiter de l'effet de la surprise que tentaient les voltigeurs, ou, au besoin, pour assurer leur retraite.

Par un de ces hasards assez fréquens à la guerre, cinq à six cents insurgés voulaient eux-mêmes nous surprendre, et avaient passé la nuit près de ce point, dans l'intention d'égorger nos postes du plateau.

L'attaque des voltigeurs, opérée avant le moment convenu par le trop d'ardeur d'un de leurs officiers, donna à temps l'éveil aux insurgés, qui, surpris partout, se jetèrent, après une forte résistance, du haut des monts de la Sarra dans la vallée de Loretto, où un troisième détachement, composé de gendarmes et de chasseurs du 14ᵉ, se rendaient pour les couper des Monts Marnisse.

Les accidens du terrain, et la nécessité de tourner au loin des postes ennemis inconnus, avaient retardé la marche de cette dernière colonne ; ce retard, de vingt minutes environ, les sauva. On ne put, dans leur fuite précipitée, atteindre que les plus paresseux, qui furent tués, au nombre de 30 à 40. Le nombre de leurs blessés doit être considérable.

M. le major Mannessier se porta ensuite, avec environ 200 hommes, sur Castel-Vecchio, et engagea une vive fusillade bien soutenue par les rebelles. L'impatience des gendarmes et des chasseurs du 14ᵉ régiment, les fit aborder à la baïonnette, avant de pouvoir être coupés des monts Barraques. Ils ne soutinrent point le choc, et se sauvèrent à toutes jambes.

Rien n'égale l'audace des voltigeurs du 14ᵉ régiment ; leur bravoure est au-dessus de tout éloge. J'ai eu lieu d'être satisfait de la conduite de la gendarmerie royale, ainsi que de toutes les troupes employées dans cette journée.

Je dois recommander à la bonté du Roi, plus particulièrement M. le capitaine Viguié et MM. les lieutenans de voltigeurs Marin, Hector et Stieler, dont la bonne conduite et le courage ont beaucoup contribué au bon succès de cette affaire.

Recevez, mon Général, la nouvelle assurance de mon profond respect.

Signé STIELER.

Ajaccio, le 11 avril 1815.

No III.

A Monsieur le Maréchal de Camp Baron BRUNY, *commandant la 2e Subdivision.*

MONSIEUR LE BARON ;

Les soins assidus et les sollicitudes que vous vous donnez journelle-ment pour la défense et le maintien du bon ordre, excitent la recon-naissance de tous les citoyens paisibles, qui voient en vous l'adminis-trateur zélé, le militaire infatigable, et en même temps le père qui prévoit tout pour le bien de ses enfans.

La Municipalité d'Ajaccio se fait un devoir de vous manifester en partie l'expression de la reconnaissance que tous les habitans d'A-jaccio aiment à vous témoigner. Ce tribut, qui vous est dû en pre-mier lieu, comme la première autorité, s'étend, par une émanation nécessaire, sur tous les chefs militaires, ainsi que sur toute la brave troupe qui agit sous leurs ordres, et qui sait si bien seconder et exé-cuter les impulsions des supérieurs.

La Municipalité vous supplie, Monsieur le Général, de vouloir accueillir avec bonté cet hommage de la gratitude publique ; de la communiquer aux chefs et à la troupe sous vos ordres, se réservant, dans une circonstance moins critique, d'en faire apparoir des marques plus sensibles et permanentes.

Les membres composant la Municipalité d'Ajaccio se disent, avec la plus parfaite considération et profond respect,

De Monsieur le Général,

les très-humbles et très-obéissans serviteurs,

Signé COLONNA DE ROZI , DE BOCCIOCCHI, MORTINENGHI.

3.

N.º IV.

A Monsieur STIELER, *Colonel du 14ᵉ Régiment d'Infanterie légère.*

J'AI l'honneur de vous communiquer la Lettre que vient de m'adresser la Municipalité de la ville d'Ajaccio ; veuillez bien en donner connaissance à votre brave et loyal Régiment, en témoignant à MM. vos officiers, aux sous-officiers, carabiniers, voltigeurs et chasseurs, combien j'ai à m'en louer, et très-particulièrement pour l'affaire de ce matin, que vous avez si bien conçue et dirigée. Croyez que je n'éprouverai de satisfaction que lorsque je pourrai en rendre compte au Ministre de la Guerre, et pourrai demander et obtenir les récompenses acquises à tant de titres.

Agréez, Monsieur le Colonel, les sentimens de l'estime et sincère considération avec lesquels je suis

Votre très-humble serviteur,

LE MARÉCHAL DE CAMP, *signé* BARON BRUNY.

(21)

N° V.

Ajaccio, le 25 avril 1815.

Le Baron DE MONTUREUX, *Chevalier de l'Ordre royal et militaire de Saint-Louis, de la Légion-d'Honneur et du Croissant de Constantinople, Préfet du Département de la Corse.*

MONSIEUR LE COLONEL,

Avant de quitter l'administration du département qui m'avait été confiée par Sa Majesté Louis XVIII, permettez moi de vous exprimer toute l'admiration dont je suis pénétré pour la conduite distinguée, la discipline sans exemple, et l'attachement au Roi que vous avez si bien su inspirer à vos braves soldats; combien il aurait été à désirer que .Sa Majesté eût trouvé dans ses armées des régimens comme le quatorzième d'infanterie légère, et des colonels *Stieler!* La France n'aurait pas, dans ce moment, à redouter tous les maux qui sont prêts à l'accabler.

Pour mon compte particulier, Monsieur le Colonel, j'aime à vous répéter, avec autant de reconnaissance que de justice, que c'est à votre bravoure et à votre loyauté que je suis redevable de la sûreté dont j'ai joui dans ces momens de rage révolutionnaire, dans un pays tel que la Corse : ce souvenir ne s'effacera jamais de mon cœur, qui vous conservera toujours attachement et vénération.

Signé LE BARON DE MONTUREUX.

De l'Ipmrimerie de LE NORMANT, rue de Seine, n°. 8, F. S. G.

www.ingramcontent.com/pod-product-compliance
Lightning Source LLC
Chambersburg PA
CBHW070755280326
41934CB00011B/2934